Fædre

Verdens første ligestillingskatalog
for børn og fædre

Jesper Lohse

Forfatter: Jesper Lohse
Udgivet af Amazon

World Parents Organization
Registreret socialøkonomisk (RSV)
E-mail: info@worldparents.org
Hjemmeside: worldparents.org
Cvr. 28699727

Udgivelse: 2. udgave 2021
ISBN: 9798714410628

© Jesper Lohse, 2021
Alle rettigheder forbeholdes

Forord

Verdens første ligestillingskatalog for børn og fædre er udarbejdet som inspiration og dokumentation til politikere, ministerier, embedsfolk, medier, borgere og domstolene.

Ligestillingskataloget blev første gang præsenteret i år 2017 med 12 temaer og 348 punkter. I det nye 2020 katalog er flere punkter kommet til end bragt i orden.

Danmark og de vestlige lande står i det moderne samfund med en familielovgivning, som af historiske årsager er baseret på én forælder i en verden, hvor børnene har to.

Over 2 millioner borgere oplever og er dagligt udsat for forskelsbehandling baseret på familieformer, juridisk status og køn.

Danmark har juridiske forpligtigelser i henhold til FN børnekonventionen artikel 2, 3 og 7 samt den Europæiske Menneskerettighedskonvention artikel 6, 8, 14 og 17. Foruden at danske ministre er underlagt minister ansvarlighedsloven.

Det er en menneskeret for børn at kende og blive passet af sine forældre. Det er en menneskeret at opnå respekt for familielivet og beskyttelse mod forskelsbehandling.

Man må stille sig selv spørgsmålet, om ligestillingen gælder for alle eller kun for de politisk og ministerielt udvalgte?

Der er tale om en forskelsbehandling, som skal bringes i orden ledelsesmæssigt af ansvarlige ministerier, ministre og embedsfolk i samarbejde med Folketingets politikere.

Det er her, vi finder det helt store potentiale for succes i forhold til børns mentale sundhed, lige muligheder, folkesundheden, offentlige besparelser og fremtidens velfærdssamfund.

Jesper Lohse, MBA

Indholdsfortegnelse

Forord	3
Indholdsfortegnelse	5
Ligestillingens udvikling	6
Positiv fædre involvering	7
10 bud på ny lovgivning	8
Kapitel 1 - Forældreskab	10
Kapitel 2 - Offentlig informering	13
Kapitel 3 - Fædre orlov	17
Kapitel 4 - Barnets bopæl	21
Kapitel 5 - Barnets økonomi	25
Kapitel 6 - Internationale forældre	29
Kapitel 7 - Offentlige børnesager	32
Kapitel 8 - Vold mod børn og fædre	41
Kapitel 9 - Fædre ansvar	48
Kapitel 10 - Advokat metoder	50
Kapitel 11 - Støtte, statistik og forskning	53
Kapitel 12 - Hvordan kan det ske?	57
Nordisk benchmark	61

Ligestillingens udvikling

Sammenlignes ligestillingskataloget for 2017 og 2020 er der få områder, som ikke længere opleves, mens der er kommet flere til. Der er, som det fremgår, ikke sket meget for børn og fædre på ligestillingsområdet.

Temaer	2017	2020
Forældreskab	25	26
Offentlig informering	20	21
Fædre orlov	21	21
Barnets bopæl	30	29
Barnets økonomi	23	22
Internationale forældre	21	20
Offentlige børnesager	95	98
Vold mod børn og fædre	52	58
Fædre ansvar	12	11
Advokat metoder	17	18
Støtte, statistik og forskning	17	18
Hvordan kan det ske?	15	24
Total	348	366

Tallene angiver antal identificerede punkter per tema.

Mange børn og fædre oplyser, at forholdene er blevet værre, selvom det ud ad til fremstår, som at fars orlov, digital post og den nye familieretslige reform skulle have forbedret situationen. Det er ikke tilfældet, da de ministerielle og politiske tiltag ikke er gode nok, og lovgivningen ikke er blevet ligestillet på familieområdet.

Positiv fædre involvering

Folketinget og enhver siddende Regering bør sikre lige muligheder for kvinder og mænd i arbejds- og familielivet baseret på belønning af god adfærd i stedet for køn.

Det er sundt for samfundet og danske børn. Det er fremtidens velfærdsmodel og vil skabe succes i alle lande.

Hvorfor er positiv fædre involvering vigtigt!

- Positiv fædre involvering skaber sunde børn i samfundet med en god og kærlig opvækst, klar identitet og mental ro.

- Positiv fædre involvering skaber lige muligheder for kvinder og mænd, drenge og piger i samfundet

- Positiv fædre involvering forebygger livskriser og familiekonflikter, skaber mere ro og mindre stress i familierne som helhed i samfundet

- Positiv fædre involvering skaber færre udsatte børn og borgere samt lavere sociale udgifter

- Positiv fædre involvering skaber succes, ro, tryghed og kærlighed i familielivet for alle

Det handler om lige muligheder, en sund balance og respekt for mennesker.

10 bud på ny lovgivning

Den fremtidige nordiske og internationale familielovgivning er baseret på kærlighed og ligeværdighed for almindelige borgere samt god kvalitet for de børn og forældre, der har brug for samfundets hjælp.

Det er mere enkelt, end de fleste tror, at lave en god og moderne familielovgivning. En lovgivning der overholder FN børnekonventionen og den Europæiske Menneskeret.

Grundprincippet:

Niveau A
Barnets ligeværdighed med far og mor er udgangspunktet

Niveau B
Forældrene har frit valg til at lave egne aftaler

Niveau C
En børnesagkyndig familieret træffer afgørelse ved saglige bekymringer for børn og belønner god forældreadfærd

De 10 bud

§1 Barnets forældre er far og mor med respekt for andre omsorgspersoner, der giver barnet kærlighed, omsorg og tryghed i livet. Børn har en menneskeret til at kende og blive passet af sine forældre.

§2 Barnets forældre skal have samme offentlige informering.

§3 Barnet har ret til ligeværdig forældreorlov med hver forælder.

§4 Alle forældre har fælles forældremyndighed ved lov, medmindre tungtvejende forhold tæller imod

§5 Bor forældrene ikke sammen, har barnet bopæl hos begge forældre og lige kvalitetstid 50%/50% som udgangspunkt.

§6 Barnets indtægter og udgifter fordeles 50%/50% mellem forældrene ved ligeværdig eller stort set ligeværdig tid. Ved weekendordninger sikrer den ene forælder barnets økonomi mod et normalt børnebidrag.

§7 Flytter en forælder længere væk end 80 km / 1 time, varetager fra flyttende forælder transport af barnet som udgangspunkt.

§8 Forældrene kan lave anden aftale om ønsket.

§9 Er der saglig bekymring for barnet af en forælder eller myndighed, behandles sagen af en børnesagkyndig familieret, og der kan inddrages en certificeret bisidder for barnet.

§10 En børnesagkyndig familieret kan ved tungtvejende grunde træffe anden afgørelse med fokus på ligeværdighed, dokumentation og det bedste for barnet. Alle påstande om strafbare forhold behandles af politiet.

Kapitel 1 - Forældreskab

De færreste borgere i Danmark er klar over, at barnets forældre i henhold til børneloven ikke registreres som den biologiske far og mor som udgangspunkt men som biologisk mor, ægtemanden og/eller medmor. Den biologiske far og medfar er ikke nævnt i lovgivningen.

Børneloven blev lavet i starten af 1900 tallet men bruges stadig i år 2020 i en tidsalder med fælles forældreskab, dna, samlivsophør samt sociale medier, hvor biologiske børn, forældre og søskende finder hinanden. Den eneste måde, vi kan beskytte børnene på i fremtiden, er med sandheden, lige muligheder og belønning af gode værdier.

De fleste mennesker har stor respekt for to kvinder eller to mænd, der ønsker at leve sammen med kærlighed foruden enlige forældre, som ønsker at få børn. Indenfor videnskaben taler man allerede nu om, at man er blevet så god til at transplantere en livmoder fra en kvinde til en anden person, at man mener, at det om få år er muligt at transplantere en livmoder til en mand. Så hvem ved, hvad fremtiden bringer.

Det vigtige er, at vi har respekt for mennesker og mangfoldighed men også har respekt for det biologiske forældreskab, som er livsvarigt følelsesmæssigt, da det er barnets ophav. Børn må aldrig blive legetøj i de voksnes sandkasse. Børn har en menneskeret til at kende og blive passet af sine forældre. Et af vor tidsalders store dilemmaer.

Hvis vi som samfund ønsker at anerkende to kvinder og enlige kvinders mulighed for at få barn, må vi ligeledes anerkende to mænds og enlige mænds ønske om det samme. Men hvor stiller det børnene menneskeretsligt.

Følgende ting bør have opmærksomhed:

1. Barnets far er som udgangspunkt ægtemanden og ikke nødvendigvis barnets biologiske far i lovgivningen.

2. Fædre får ikke altid besked om biologisk forældreskab, hvorved barnet kan få registreret en forkert far.

3. Arbejdsgiveren har ret til besked om barnet før biologisk far.

4. Barnet har ikke ret til at få begge forældres navne.

5. Børn skal have det biologiske forældreskab bestemt indenfor 6 mdr., selvom der sker fejl, og sandheden ikke fortælles.

6. Børn kan have forkert registrering af biologisk forældreskab på trods af DNA.

7. Børn kan have forkert registrering af biologisk forældreskab på trods af samlivsophør.

8. Børn kan have forkert registrering af biologisk forældreskab på trods af sociale medier, hvor børn, forældre, søskende og øvrige familiemedlemmer finder hinanden.

9. Børn kan have forkert registrering af biologisk forældreskab på trods af ny billedgenkendelsesteknologi.

10. Børn kan have forkert registrering af biologisk forældreskab på trods af Mobil Apps, som kan matche og finder alle informationer for en person.

11. Fædre har ikke automatisk forældremyndighed som biologisk far.

12. Fædre har ikke nødvendigvis forældremyndighed, fordi det først blev normalt efter 2007.

13. Fædre oplever oftest at miste forældremyndighed, selvom de ikke er årsagen pga. anden forælders manglende samarbejde.

14. Fædre skal betale arv, selvom de bliver bekendt med forkert registrering af biologisk forældreskab.

15. Fædre skal betale børnebidrag, selvom der er forkert registrering af biologisk forældreskab.

16. Anonym sæddonation gør, at børn skal leve i uvished om deres biologiske ophav.

17. Anonym sæddonation gør, at børn og forældre ikke kan få anerkendt det biologiske forældreskab senere i livet, selvom de ændrer mening, fordi det biologiske forældreskab er følelsesmæssigt livsvarigt.

18. Anonym sæddonation gør, at børn og forældre ikke kan finde en donor i biologisk familie.

19. Medmor har i dag samme rettigheder som biologisk far.

20. Medmor er medtaget uden medfar i lovgivningen, f.eks. to mænd der gerne vil have barn med rugemor.

21. Fædre ønsker ikke altid abort men har ikke et valg.

22. Fædre ønsker ikke altid barnet men har ikke et valg.

23. Børn kan blive adopteret imod fædres vilje baseret på ene forældremyndighed, selvom forældre ikke behøver at have eller kan miste forældremyndigheden uden selv at være skyld i det.

24. Børn kan blive bortadopteret, uden at der er mulighed for at rejse sagen igen.

25. Fædre vedkender sig ikke altid det biologiske forældreskab.

26. Fædre tager ikke altid ansvar for det biologiske forældreskab.

Kapitel 2 - Offentlig informering

Der er i forbindelse med digital post og offentlig informering en simpel forklaring på, hvorfor posten ikke sendes til begge forældre. Der kan ikke i Danmark laves en liste over alle børn under 18 år i forhold til forældremyndighed og orienteringsret.

Det skyldes, at data mangler centralt i CPR-registret eller på tilsvarende vis. Der kan herved ikke ske automatisering af offentlige skrivelser om børn til begge forældre. Det på trods af forældrenes ret til samme informering.

Konsekvensen er manglende borgertilfredshed og respekt samt store omkostninger i manuelle arbejdsgange på skoler, hos kommuner, hospitaler og for staten. Hertil kommer tab af viden og langt flere menneskelige fejl.

Det har ved undersøgelse af området gennem flere år virket som om, ingen embedsfolk ønsker at påtage sig ansvaret og informere politikerne klart og tydeligt. Samtidig med at det kan skyldes lobby interesser, men data er kerneproblemet.

Følgende ting bør have opmærksomhed:

27. Offentlige skrivelser ved barnets fødsel sendes ikke automatisk til begge forældre.

28. Offentlige skrivelser ved barsel sendes ikke automatisk til begge forældre.

29. Offentlige skrivelser ved daginstitution sendes ikke automatisk til begge forældre.

30. Offentlige skrivelser ved skoleindskrivning sendes ikke automatisk til begge forældre.

31. Offentlige skrivelser vedr. start og stop af institution sendes ikke automatisk til begge forældre.

32. Offentlige skrivelser vedr. start og stop af skolefritidsordninger sendes ikke automatisk til begge forældre.

33. Offentlige skrivelser på hospitalet sendes ikke automatisk til begge forældre.

34. Offentlige skrivelser om sundheds- og trivselsmålinger sendes ikke automatisk til begge forældre.

35. Offentlige skrivelser ved familieforskning sendes ikke automatisk til begge forældre.

36. Offentlige skrivelser om uddannelse sendes ikke automatisk til begge forældre.

37. Offentlige skrivelser ved tandpleje sendes ikke automatisk til begge forældre.

38. Offentlige skrivelser om fritidstilbud sendes ikke automatisk til begge forældre.

39. Offentlige bekymringsskrivelser for børn sendes ikke automatisk til begge forældre.

40. Offentlige hospitalsskrivelser sendes ikke automatisk til begge forældre pga. manuelle procedurer.

41. Offentlige skrivelser i kommuner og på hospitaler sendes ikke automatisk til begge forældre pga. menneskelige fejl.

42. Offentlige skrivelser i kommuner og på hospitaler sendes ikke automatisk til begge forældre pga. kulturen.

43. Offentlige skrivelser i kommuner og på hospitaler sendes ikke automatisk til begge forældre pga. manglende vilje.

44. Forældre kan, selvom de har fælles forældremyndighed, ikke altid modtage besked om barnets læge.

45. Forældre kan, selvom de ikke er årsagen, stå uden fælles forældremyndighed og kan ikke få aktindsigt.

46. Forældre får ikke altid udleveret alting ved aktindsigt og ved ikke altid, hvad de ikke får udleveret.

47. Der vil nemt og automatisk kunne genereres en tidslinje i offentlige børne- og familiesager for borgerne ved simpel brug af 'åååå-mm-dd' før titlen på dokumenter.

Kapitel 3 - Fædre orlov

Da der blev indført lang forældre orlov, var hensigten, at barnet skulle opleve orlov med begge forældre for kærlighed, omsorg og tryghed i livet med begge forældre.

Det er ikke sket, fordi der ikke blev afsat en øremærket orlovsperiode til far som i resten af Norden. Danmark er derfor markant bagud i forhold til fars orlov.

Det er ikke korrekt, når politikere og embedsfolk nævner, at forældrene har et frit valg. Det har børn og fædre ikke i dag.

Barselsbekendtgørelsen paragraf 8 stk. 2 gør f.eks., at hvis forældrene er uenige, står far og barn uden rettigheder, da barselsdagpengene tildeles den forælder, hvor barnet opholder sig mest. De færreste helt almindelige fædre står derudover over barselssengen og begynder at skændtes om orlovsperioden og deres lille nyfødte barn.

De børn, der har mest behov for fars orlov, er desuden ofte de børn, der ikke får det f.eks. ved fødselsdepressioner eller negativ social arv hos moderen, hvor far holdes væk fra barnet. Det kan være den største eller en af de største og mest ignorerede grupper af børn med negativ social arv i samfundet. Det koster børnene og samfundet dyrt hvert år.

Forældreansvarsloven siger derudover ingenting om orlov, hvorfor far og barn reelt står uden rettigheder, hvis forældrene ikke bor sammen, eller samlivet ophører under forældreorlovsperioden. De færreste forældre er klar over, at orloven kan bruges til barnet fylder 9 år, at familielovgivningen overtrumper barselslovgivningen, hvis forældrene ikke bor sammen eller ikke er enige. Foruden at fædrene skal forbeholde sig ret til barselsdagpengene, men retten ikke har betydning, uden samvær med barnet.

Der kan i forhold til fars orlov laves 3 modeller. En udvidelse med flere måneder til far, så alle bliver glade, en øremærkning af måneder af den nuværende periode, som er det, der vil have den største effekt i samfundet eller en overførselsmodel, hvor far og mor hver har et antal måneder, som de valgfrit kan give til anden forælder.

Senest har EU besluttet min. 2 måneder til barn og far i hele Europa som en rettighed, men er det nok. Kan vi virkelig være det bekendt overfor børn og borgerne, som skal behandles med respekt for familielivet og ligeværdigt.

En mulighed er et kompromis, hvor man udvider fars øremærkede orlov i dag fra 14 dage til 2 måneder af forældreperioden og giver forældrene 1 måned ekstra. Så er hele fars orlov debatten formentlig løst til glæde for barn, forældrene, virksomhederne og samfundet.

Følgende ting bør have opmærksomhed:

48. Barnet har ikke ret til samme orlov med far og mor.

49. Barnet har ikke ret til orlov med far men kun til mor.

50. Far har i dag 14 dages øremærket orlov, men begge forældre har ikke 3 måneders orlov.

51. Familieøkonomien er styrende for, hvem som tager orlov i familien, når den ikke er øremærket.

52. Der er færre fædre i Danmark end resten af Norden, som tager orlov, fordi den ikke er øremærket.

53. Barselsbekendtgørelsen paragraf 8 stk. 2 giver den forælder, hvor barnet opholder sig mest hos barselsdagpengene ved uenighed, hvilket gør, at barn og far står uden rettigheder i praksis.

54. Fædre modtager ikke samme rådgivning, støtte og informering ved orlov.

55. Fædre tilbydes ikke familiegrupper i alle kommuner.

56. Fædre tilbydes ikke fædre grupper i alle kommuner.

57. Barnets tilknytning, tryghed og psykologiske sundhed med far og mor i hele livet forringes.

58. Barnets tilknytning, tryghed og psykologiske sundhed f.eks. ved forældres sygdom og død forringes.

59. Der er fædre, som ikke ønsker at tage orlov.

60. Der er mødre, som ikke giver fædre lov til at tage orlov.

61. Der er arbejdsgivere, som ikke giver fædre lov til at tage orlov, da de fyres.

62. Mange fædre ved ikke, at de kan afholde forældreorlov, til barnet fylder 9 år.

63. Forældreansvarsloven giver ikke ret til orlov og der kræves samvær for at afholde orloven, hvilket ikke gives.

64. Forældreansvarsloven forskelsbehandler fædre i kernefamilier og moderne familier i forhold til orlov.

65. Fædre får ofte ikke samvær til orlov med små børn pga. kulturen.

66. Fædre har ikke pligt til at tage orlov, kun mor.

67. Mors karrieremuligheder forringes.

68. Mors pension forringes.

Kapitel 4 – Barnets bopæl

Den mest omfattende og alvorligste diskrimination af børn og fædre i dag må anses at være opdelingen i bopæl og samværsforældre, når forældrene ikke bor sammen.

Der må stilles menneskeretsligt spørgsmålstegn ved, om en sådan opdeling af helt almindelige børn og forældre som udgangspunkt er tilladt.

Almindelige børn og forældre oplever ved opdelingen i bopæl og samværsforældre vidt forskellige juridiske, økonomiske og sagsbehandlingsmæssige rettigheder i samme situation. En klar forskelsbehandling af borgerne.

Der er tale om markant diskrimination, når begrebet anvendes som udgangspunkt for familier, som lever ligeværdigt i dag. De skal pludselig afgøre, hvilken status forældrene skal have, bare fordi de ikke længere skal bo sammen. Begrebet må anses som den mest betydelige årsag til familiekonflikter i dag ved samlivsophør.

Der er klar dokumentation for kønsdiskrimination, når antallet af børn med bopæl hos far stadig er på niveau med 1980 på samme tid, som der er sket en markant udvikling i børn og fædres samvær. Forskellen kan ikke forklares med familiernes frie valg eller fædrenes manglende ønske. Fædre, der gerne vil, bør og i henhold til lovgivningen skal have bopæl for børnene, får det simpelthen ikke, viser virkeligheden og statistikken.

Der er senest indført mulighed for dobbelt bopæl baseret på forældrenes gensidige ønske, men CPR-adressen skal fortsat registreres hos en forælder, som alene får velfærdsydelser for barnet.

Familieretshuset og domstolene kan samtidig ikke træffe afgørelse om dobbelt bopæl, selvom det er bedst for barnet og skabe ro mellem ligeværdige forældre. Det er indirekte kønsdiskrimination. Hverken direkte eller indirekte kønsdiskrimination er tilladt.

Følgende ting bør have opmærksomhed:

69. Familielovgivningen er historisk opbygget om én forælder i stedet for barnet og hele familien i et samfund, der i dag lever ligeværdigt. Det er fundamentet i lovgivningen, som er forkert til samtiden.

70. Der er ikke frit valg til egen aftale om barnets økonomi og samvær, hvis forældrene ikke bor sammen.

71. Der er ikke frit valg til skole hos begge forældre, hvis forældrene ikke bor sammen og der ikke er 7/7 ordning.

72. Der er ikke frit valg til læge hos begge forældre, hvis forældrene ikke bor sammen.

73. Der er ikke frit valg til tandlæge hos begge forældre, hvis forældrene ikke bor sammen.

74. Der er ikke frit valg til kommunale aktiviteter hos begge forældre, hvis forældrene ikke bor sammen.

75. Barnet har ikke pas hos begge forældre, hvis forældrene ikke bor sammen.

76. Skoleskift kan ske uden samtykke fra begge forældre.

77. Skift af skolefritidsordning sker uden samtykke fra begge forældre.

78. Der tillades flytning af bopælsforældre længere væk fra barnets trygge omgivelser ved mindre samvær.

79. Der tillades flytning af bopælsforældre længere væk fra barnets skole, kammerater og anden forælder, selvom der er 6 ugers varslingspligt. Der er ingen opsættende virkning.

80. Børnegrupper kræver accept af bopælsforældre.

81. Børnepsykolog til barnet kræver accept af bopælsforældre.

82. Barnet behandles ikke ens hos forældrene ved tilbageholdelse af barnet.

83. Barnet behandles ikke ens hos forældrene ved manglende udlevering ved ferie.

84. Barnet behandles ikke ens hos forældrene ved højkonflikt, da skyldsspørgsmålet ikke er gældende.

85. Bopælsforældre kan true med mindre samvær ved uenigheder om andre ting.

86. Børns bopæl hos far er stadig på niveau med 1980 i markant modstrid med samfundsudviklingen.

87. Fædrene har fået 7/7 i stedet for bopæl eller er røget mere eller mindre ud af børnenes liv, hvis de har klaget.

88. Fædrene oplever omfattende, at børn "bortføres" ved samlivsophør og holdes væk for at opnå bopæl og

velfærdsydelser i Danmark. Det er dog kun i udenlandske sager, der er juridisk anerkendelse af bortførelser.

89. Børn får ofte ikke bopæl hos fædre af historiske og kulturelle årsager hos det offentlige.

90. Børn får ofte ikke bopæl hos fædre, når barnet er lille, selvom der er fædre med 6-12 måneders barsel, der sagtens magter opgaven.

91. Børn får ofte ikke bopæl hos fædre, når anden forælder fortæller usande historier, uden at det har konsekvenser.

92. Børn får ofte ikke bopæl hos fædre, når sagen trækkes i langdrag af forældre eller advokater.

93. Børn får ofte ikke bopæl hos fædre, selvom de har haft lang orlov og er primær forælder.

94. Børn behandles ikke ens hos forældrene i tilfælde af social historik, psykisk sygdom og negativ social arv.

95. Børn behandles ikke ens hos forældrene i tilfælde af vold.

96. Børn behandles ikke ens hos forældrene i tilfælde af grænseoverskridende adfærd.

97. Samværsforældre behøver ikke at tage ansvar for barnet.

Kapitel 5 - Barnets økonomi

Hvis man er EU borger og arbejder i Danmark, har man ret til børnecheck og andre velfærdsydelser, om man er gift eller skilt. Dette selvom barnet bor i et andet land.

Det sker, mens danske fædre / samværsforældre bl.a. med 7/7 ordninger, forsørgelse af barnet og ekstra betalinger af fritidsinteresser, mobiltelefon, tøj og meget andet ingenting modtager. Det heller ikke selvom fædrene / samværsforældrene bliver arbejdsløse og har et reelt behov for økonomisk hjælp i forhold til børnene. Det kan i visse tilfælde betyde, at børnene mister kontakt til deres far.

Forældrene kan ikke i dag fordele barnets samvær og økonomi, som de selv ønsker det, hvis de ikke bor sammen, f.eks. hvis mor har mest behov for velfærdsydelserne, men barnet har det bedst i kortere eller længere tid hos far. CPR-adressen skal registreres, der hvor barnet opholder sig mest.

Barnets økonomi er i høj grad afgørende for, hvem der tildeles bopæl for barnet, fordi kun bopælsforældre modtager velfærdsydelser for barnet. Det må anses, at der er tale om meget grov diskrimination af borgere, hvis der er et reelt behov for velfærdsydelser.

Barnets økonomi danner grundlag for en lang række familiekonflikter og for barnets samværsordninger, fordi kun den ene forælder kan modtage velfærdsydelser.

Fordelingen af barnets økonomi opleves systematisk at danne grundlag for falske anklager mod fædre i større eller mindre omfang, som skaber en negativ social arv i generationer for børn med manglende mental sundhed.

Følgende ting bør have opmærksomhed:

98. Børnechecken sendes ud af landet, mens ca. 320.000 danske fædre/samværsforældre ingenting modtager.

99. Forældre skal registreres som bopæl og samværsforælder, hvis de ikke bor sammen på få dage, hvilket skaber konflikter for ligeværdige forældre, eller når en forælder ønsker barnets økonomi.

100. Børn og unge ydelsen udbetales til mor.

101. Børnetilskud udbetales kun til bopælsforældre.

102. Boligstøtte for børn udbetales kun til bopælsforældre.

103. Særligt børnetilskud til uddannelsessøgende udbetales til bopælsforældre.

104. Forhøjet SU for børn udbetales kun til bopælsforældre.

105. Friplads i daginstitution tildeles til kun til bopælsforældre.

106. Handicap ydelser tildeles bopælsforældre og følger ikke altid barnet.

107. Samværsforældre har ikke mulighed for at få au-pair.

108. Særligt tillæg for kommunalbestyrelses arbejde udbetales til bopælsforældre.

109. Fri proces forhøjelse for barnet tildeles kun til bopælsforældre.

110. Transport ved fraflytning længere væk er fælles ansvar, men der er ingen sanktioner, og det bør være fraflyttende forælders ansvar som udgangspunkt.

111. Der er gebyr for fædre på hospitalerne ved fødslen.

112. Børnebidrag beregnes alene efter samværsforældres indtægt, selvom bopælsforælderen kan være millionær og samværsforælderen arbejdsløs.

113. Børnebidrag beregnes uden at tage højde for samværsforældres reelle mulighed for at betale ved sygdom, arbejdsløshed eller rimelighed (f.eks. fraflytning, chikane eller "bortførelse").

114. Børnebidrag beregnes, så der ikke er incitament for samværsforældre til at skabe vækst og øget indtjening i samfundet (det kommer bopælsforælderen og ikke nødvendigvis barnet til gode).

115. Børnebidrag tildeles på trods af forsørgelsespligten overholdes i 9/5 og 10/4 samværsordninger og uden hensyntagen til ekstra betalinger af fritidsinteresser, rejser m.v.

116. Begge forældre skal beslutte SFO, men samværsforældre skal betale fuld pris, selvom det måske kun er 1-2 dages behov, hvis bopælsforælderen ikke vil betale.

117. Forældre, der ikke lever sammen, men samarbejder, forskelsbehandles i forhold til kernefamilier.

118. Fædre ønsker ikke altid at betale børnebidrag og ønsker derfor 7/7 samvær.

119. Mødre ønsker til tider at modtage børnebidrag og ønsker derfor ikke 7/7 samvær.

Kapitel 6 - Internationale forældre

Børn og fædre står af kulturelle og historiske årsager uden rettigheder i mange lande. Åbenlys urimelighed af "ordre public" begrebet, som skal beskytte retssikkerheden er forsøgt udskrevet af lovgivningen og bruges ikke.

Såfremt en myndighed ikke kan afvise åbenlys urimelige bidrag ved manglende rettigheder for børn til begge forældre i et andet land. Foruden åbenlys urimelige bidrag, hvor der eksempelvis "bortholdes" børn fra samvær, når det ikke er bedst for barnet, så står danske børn og fædre i en meget alvorlig situation.

Der opleves børn, som mister en sund kontakt til specielt fædre, som bliver økonomisk ruineret og fuldstændig ødelagt som mennesker uden hjælp af myndighederne.

Det er for alle børn og forældre som helhed derudover afgørende, at børn ikke per automatik og uden grundige overvejelser af de menneskeretlige og økonomiske regler får lov til at flytte til udlandet. Det kan være bedst for barnet at blive i landet hos anden forælder.

Nordiske familier er længere fremme end resten af Europa og det meste af verden i forhold til lovgivningen på familieområdet og det ligeværdige familieliv. Kulturelle forskelle og opvækst lokationen kan have betydning for børnene.

Der bør ske retsbeskyttelse af børn og forældre på et bedre og mere kvalificeret grundlag baseret på barnets ret til far og mor samt den kulturelle opvækst og lokation.
Følgende ting bør have opmærksomhed:

120. Fædre står i mange lande uden rettigheder pga. forældet lovgivning, kultur og retspraksis.

121. Fædre oplever, at de ikke er retligt beskyttet ved åbenlys urimelighed af "ordre public" begrebet.

122. Fædre oplever at stå uden rettigheder til håndhævelse af aftalt samvær.

123. Fædre skal betale hustrubidrag for børn i udlandet i modstrid med ordre public.

124. Fædre skal betale barselsbidrag for børn bosiddende i udlandet i modstrid med ordre public.

125. Fædre skal betale børnebidrag for børn i udlandet i modstrid med ordre public.

126. Fædre skal betale rets udgifter for børn i udlandet i modstrid med ordre public.

127. Fædre skal betale ophold og transport i udlandet i modstrid med ordre public.

128. Fædre skal betale bidrag i en lang årrække i modstrid med ordre public.

129. Fædre kan få fængselsdomme i udlandet pga. fejlinformering eller manglende mulighed for at betale.

130. Fædre oplever, at børn bliver holdt væk i udlandet for at sikre barnets tilknytning.

131. Fædre oplever, at børn tager med moderen på rejse til udlandet pga. eneforældremyndighed og bliver f.eks. hos bedsteforældre eller med moren i udlandet.

132. Fædre oplever, at børn flytter med moderen til udlandet før tvangsanbringelser.

133. Fædre oplever, at børn "bortføres" af kvindenetværk selvom en del sager er blevet stoppet gennem internationalt samarbejde.

134. Fædre oplever tæskehold, hvis de prøver at opretholde samvær med barnet i visse lande.

135. Fædre oplever at skulle betale børnebidrag, selvom barnet er bortført.

136. Forældre oplever, at de selv må finde og hente deres bortførte børn hjem fra udlandet.

137. Forældre oplever manglende støtte i sager med børn i udlandet.

138. Forældre oplever, de ikke har råd til at føre sager om børn i udlandet.

139. Forældre bliver gift i Danmark men skilt i et andet land f.eks. ved udstationger uden at kende lokal lovgivning.

Kapitel 7 - Offentlige børnesager

Følger man barnet i den offentlige sagsproces og analyserer på tid, kvalitet, ligestilling, fleksibilitet og omkostninger er det forholdsvis nemt at se, hvor ofte og hvor det går galt for børn og forældre i det offentlige.

Der er ved procesanalyse alt for mange skift af hænder mellem offentlige enheder og personer, som gør, at der tabes viden, opstår procestid og menneskelige fejl.

Når familielovgivningen samtidig bygger på en forælder i en verden, hvor børn lever med begge forældre, hvor diskrimination af børn og forældre i forhold til familieformer, barnets bopæl samt køn er hverdagen, har offentlige medarbejder ofte slet ikke mulighed for at lave et ordentligt stykke arbejde.

Der er tale om et velkendt ledelsesproblem i komplekse menneskelige processer, som betegnes forudsigelige overraskelser. Et ledelsesproblem og ansvar, som kan håndteres, men viljen skal være til stede, og den basale menneskeret overholdes.

Følgende ting bør have opmærksomhed:

140. Børn og forældre oplever omfattende ventetider i det familieretslige system, som må betragtes som brud på børns menneskeret til at kende og blive passet af sine forældre.

141. Fædre oplever omfattende kønsdiskrimination i lovgivningen og offentlig praksis.

142. Forældre oplever omfattende diskrimination i samme situation pga. bopæl og samværsbegrebet.

143. Fædre oplever, at køn belønnes i stedet for god adfærd i modstrid med det bedste for barnet.

144. Fædre oplever at blive talt ned i samvær af børnesagkyndige i familieretshuset ved møder med tommelfingerregler uden en individuel og konkret vurdering.

145. Fædre oplever at blive talt ned i samvær af børnesagkyndige i familieretshuset mundtligt, uden at det føres til referat og fremgår af notaterne.

146. Fædre oplever børnebisidder samarbejde mellem offentlige myndigheder og private mor/barn organisationer.

147. Fædre oplever børnebisidder samarbejde af "monopol" lignende karakter med private mor/barn organisationer.

148. Fædre oplever børnebisiddere og børnesagkyndige, som ikke oplyser deres baggrund og erfaring.

149. Fædre oplever børnebisiddere, som ikke har notatpligt.

150. Fædre oplever børnebisiddere, som ikke er underlagt aktindsigt fra private.

151. Fædre oplever børnebisiddere, som ikke overholder persondataloven.

152. Fædre oplever børnebisiddere, som primært er kvinder.

153. Fædre oplever børnebisiddere, som dokumenterer samtaler uden hensyn til persondataloven.

154. Fædre oplever børnebisiddere, uden myndighederne kan dokumentere "professionalismen".

155. Fædre oplever børnebisiddere, uden myndighederne kan dokumentere "børneattester".

156. Fædre oplever oftest, at børnebisidning ikke er det neutrale tilbud til barnet, som det fremstilles som.

157. Fædre oplever oftest, at de og barnet ikke har ret til en børnebisidder.

158. Fædre oplever oftest, at børnebisidningen ikke er transparent, hvorved retssikkerheden er i fare.

159. Fædre oplever oftest, at børnebisidningen sker efter ophold hos moderen.

160. Fædre oplever oftest, at børnesamtaler som har fokus på barnets perspektiv på kort sigt.

161. Fædre oplever oftest, at børnesamtaler sker efter ophold hos moderen og børnene følges til samtalen af mor.

162. Fædre oplever oftest, at børnesamtaler ikke altid er det bedste, da barnet fanges i en loyalitetskonflikt.

163. Fædre oplever oftest forældrefremmedgørelse, som skader barnet gennem hele livet.

164. Fædre oplever oftest forældrefremmedgørelse, som ikke har konsekvenser.

165. Fædre oplever oftest forældrefremmedgørelse, som gør, at barn og far mister kontakt.

166. Fædre oplever oftest alvorlige konsekvenser som selvmordstanker pga. forældrefremmedgørelse og psykisk vold.

167. Fædre oplever oftest, at negativ social arv går igen i generationer pga. forældrefremmedgørelse.

168. Fædre oplever oftest, at forældrefremmedgørelse ikke behandles for barnet.

169. Forældre oplever manglende forebyggelse.

170. Forældre oplever manglende frit valg, hvis de ikke bor sammen.

171. Forældre oplever manglende ligeværdig mægling, rådgivning og støtte.

172. Forældre oplever, at mægling ikke kan / bør ske uden lige muligheder.

173. Forældre oplever, at mægling ikke bør ske ved alvorlige forhold.

174. Forældre oplever lange ventetider.

175. Forældre oplever lange sagsbehandlingstider.

176. Forældre oplever at 6 ugers fristen ved fraflytninger for behandling af midlertidige afgørelser ikke overholdes.

177. Forældre oplever subjektive og udokumenterede vurderinger i børnesager.

178. Forældre oplever nyuddannede sagsbehandlere i børnesager.

179. Forældre oplever, at personlige forhold f.eks. egen barndom og egen skilsmisser har betydning hos fagpersoner.

180. Forældre oplever det, som ligner vennetjenester på ledelsesniveau.

181. Forældre oplever gebyrer, selvom der startes saglig.

182. Forældre oplever gebyrer, selvom de vinder sagen f.eks. en nedsættelse/forhøjelse af børnebidrag.

183. Forældre oplever store retslige udgifter i børnesager og har måske ikke råd til at føre sagen.

184. Forældre oplever for mange personer og myndigheder involveret i børnesagerne.

185. Forældre oplever, at basale habilitetsregler og etik ikke overholdes.

186. Forældre kan ændre aftaler med falske underskrifter, uden at det opdages.

187. Forældre oplever, at kommunen varetager en forælder og Familieretshuset den anden, hvis forældre ikke bor sammen.

188. Forældrene har et dårligt indtryk af Familieretshuset pga. kønsdiskrimination.

189. Forældrene har et dårligt indtryk af Familieretshuset pga. kønsfordelingen.

190. Forældrene har et dårligt indtryk af Familieretshuset pga. diskriminerende lovgivning.

191. Forældrene har et dårligt indtryk af Familieretshuset pga. belønning af forkert adfærd.

192. Forældrene har et dårligt indtryk af Familieretshuset pga. manglende erfaring hos sagsbehandlere bl.a. hvis de ikke selv er forældre.

193. Forældre har et dårligt indtryk af Familieretshuset pga. manglende konsekvens og belønning af køn i stedet for adfærd.

194. Forældre har et dårligt indtryk af Familieretshuset pga. manglende erkendelse og rettelse af fejl.

195. Forældre har et dårligt indtryk af Familieretshuset pga. manglende informering om lovgivningens diskrimination til ministerier og politikere.

196. Forældre opgiver at klage, fordi de ikke ved hvordan.

197. Forældre opgiver at klage, fordi de giver op.

198. Forældre opgiver at klage for at beskytte deres børn fra værre situationer.

199. Forældre opgiver at klage pga. sagsbehandlingstiden.

200. Forældre opgiver at klage pga. gebyrer og evt. advokatomkostninger, de ikke har råd til.

201. Forældre opgiver at klage pga. diskrimination, da de ved, at de taber. Ligebehandlingsnævnets henviser til, at bopæl og samværsbegrebet er besluttet i dansk lov. Det selvom f.eks. bopælstallet for børn hos fædre er på niveau med 1980 og markant dokumenterer diskrimination.

202. Forældre opgiver at klage, fordi klagen går til sagsbehandleren selv.

203. Forældre oplever manglende hensyntagen til inhabilitet i børnesager.

204. Forældre oplever, at det er nemt at snyde systemet.

205. Fædre oplever et markant overtal af kvindelige sagsbehandlere og fagpersoner.

206. Fædre oplever mangelfulde oplysninger baseret på køn.

207. Fædre oplever kortere taletid baseret på køn.

208. Fædre oplever mindre rådgivning baseret på køn.

209. Fædre oplever, at negativ social arv går igen i generationer pga. kønsdiskrimination.

210. Fædre oplever falske anklager baseret på køn.

211. Forældre oplever manglende tværfagligt samarbejde i det offentlige, selvom der med den seneste reform er sket en forbedring.

212. Forældre oplever manglende kontinuitet i sagerne i forhold til personer.

213. Forældre oplever, at mange forskellige offentlige institutioner er involveret med tab af viden imellem sig.

214. Forældre oplever manglende konsekvens ved falske oplysninger og anklager.

215. Forældre oplever, at myndigheder problematiserer sager for børnene uden grund.

216. Forældre oplever, at børn truer med selvmord eller begår selvmord pga. fejlbehandling og kønsdiskrimination.

217. Forældre oplever, at negativ social arv går igen i generationer pga. fejlbehandling.

218. Forældre oplever anbringelser, hvor lovgivningen ikke er fulgt, og støtte formentlig ville virke.

219. Forældre oplever anbringelser for udenlandske borgere, hvor der tages ikke kontakt til ambassaden.

220. Fædre oplever, de ikke er taget i betragtning ved en anbringelse uden overvejelse om bopæl og forældremyndighed, for barnet var givet til den forkerte forælder.

221. Fædre oplever oftest, at det ikke tages i betragtning, at barnets far kan give barnet den bedste opvækst.

222. Forældrene oplever, der mangler formel uddannelse og certificering af børnefaglige personer.

223. Forældre oplever, at der er mange personer og myndigheder inde over anbringelsessagerne, hvorved viden går tabt, tiden går, og fejl ikke opdages eller kan ændres på grund af barnets forankring.

224. Forældre oplever, at plejefamilier til tider gør det af økonomiske grunde.

225. Forældre oplever, at plejefamilier til tider ikke er certificeret og kvalitetsgodkendt godt nok.

226. Forældre oplever, at der blandt fagpersoner til tider lægges op til en bølge af anbringelser, som en slags "mode" fænomen jfr. Chicago-effekten.

227. Forældre oplever, at Familieretten ikke altid handler.

228. Forældre oplever, at Familieretten ikke altid kan kontaktes.

229. Forældre oplever, at Familieretshuset ikke altid håndhæver kontaktbevarende samvær.

230. Forældre oplever, at Familieretten ikke altid håndhæver kontaktbevarende samvær.

231. Forældre oplever, at domstolene ikke altid tager udgangspunkt i bedst samarbejdende forældre.

232. Politiet tjekker ikke mønstre af bekymringer, medmindre ofret selv vil anmelde.

233. Politiet inddrages ikke i sager, hvor forældre dokumenteret fortæller usandheder til myndighederne.

234. Falske sager tager sparsomme ressourcer fra rigtige sager, som derved ikke findes.

235. Grænseoverskridende adfærd behandles ikke altid, fordi ofret forsøger at lægge det bag sig.

236. Grænseoverskridende adfærd behandles ikke altid, fordi der mangler dokumentation.

237. Der er netværk og advokater, som bevidst bruger misinformering som metode i børnesager uden konsekvens.

Kapitel 8 - Vold mod børn og fædre

I forhold til voldsindsatsen er der meget alvorlige mangler i viden, forståelse og statistikken hos myndighederne i Danmark. Der sker til stadighed en nærmest ensidig støtte af indsatsen for vold mod kvinder. Det er derudover ofte kvindeorganisationer eller organisationer og projekter uden reel kontaktflade til fædrene eller kompetencer, som modtager støtte.

Det anslås officielt, at der er 13.000 fysisk voldsramte mænd i Danmark, men regnestykket passer simpelthen ikke. Der er hverken medtaget offentlig vold i form af diskrimination eller forældrefremmedgørelse, psykisk og økonomisk vold, som ofte er det, der rammer fædrene i familielivet.

Det er markant, hvordan fædrene først opdager diskriminationen ved samlivsophør, og hvordan de specielt mange ligeværdige fædre og børn ikke behandles ens i samme situation. Man har slet ikke på voldsområdet ydet støtte i forhold til kontaktfladen til børn og fædre men giver støtte til små projekter uden reel kontaktflade. Mandecentrene har som eksempel kontakt til ca. 1.000 fædre, mens Foreningen Far står markant med størstedelen af de voldsramte børn og fædre uden at modtage støtte til en indsats. Investeringen til fædrene går herved ofte tabt.

Det er helt almindelige børn og fædre, som oplever volden, og vurderingen er, at der i dag meget vel kan være flere voldsudsatte mænd end kvinder i Danmark.

Vold er vold – og alle ofre, om det er kvinder, mænd, drenge eller piger, skal have den nødvendige støtte.

Der er to forhold, som er markante. Forskellen i finansieringen er dels et problem for de børn og fædre, som rammes. Den skæve balance i finansieringen gør også, at statistikken og forståelse af vold mellem kønnene er misvisende. Det er simpelthen nemmere at støtte, indsamle statistik, holde møder med politikere og synliggøre ofrene, når man modtager massiv statslig finansiering og har tusindvis af ansatte i kvindesagen.

Alvoren er, at de reelle ofre ikke hjælpes tilstrækkeligt og ordentligt. Foruden at der skabes mistillid og manglende respekt for voldsindsatsen, når den sker ensidigt imod virkeligheden og i tætte gamle netværk. Stakkels de kvinder og mænd, drenge og piger som oplever vold i familielivet. Vi kan gøre det langt bedre!

Følgende ting bør have opmærksomhed:

238. Fædre får ikke altid besked om, at de skal være far.

239. Fædre får ikke altid deres navn på dåbsattesten, som efternavn eller mellemnavn.

240. Fædre får ikke altid lov til at afholde barsel og forældreorlov.

241. Fædre får ikke altid lov til at deltage i barnedåb.

242. Fædre oplever, de er blevet misbrugt til at blive far.

243. Fædre bliver ufrivillige fædre efter få timers kontakt, selvom beskyttelse er begge forældres ansvar. De kan blive snydt selv i ægteskaber.

244. Fædre specielt oplever, at de ikke får hjælp, hvis de får en fødselsdepression.

245. Fædre oplever, at den negative sociale arv for anden forælder bryder frem på fødselstidspunktet.

246. Fædre oplever ingen hjælp, når mødre har en efterfødselsreaktion, og de mister kontakt med barnet.

247. Fædre oplever, at de ikke kan få dobbelt bopæl, fordi mor ikke har lyst.

248. Fædre oplever, de ikke får barnets bopæl, fordi mor ønsker barnets velfærdsydelser.

249. Fædre oplever, de ikke får barnets bopæl, fordi myndigheder mener, mor har brug for barnets økonomi.

250. Fædre oplever, at de ikke får det samvær, som er bedst for barnet, fordi mor vil have barnets økonomi.

251. Børnerådet oplyser, at børn oplever mere lettere vold af mor end far.

252. Børnerådet oplyser, at børn oplever mere psykisk vold af mor end far.

253. Børnerådets oplyser, at børn oplever den samme hårde vold af far og mor.

254. Fædre oplever oftest, at barnet fjernes ved samlivsophør og holdes væk fra dem uden saglig grund.

255. Fædre oplever oftest at blive udsat for forældrefremmedgørelse i forhold til barnet.

256. Fædre oplever oftest at blive udsat for misinformering og falske anklager, fordi mor ønsker barnets bopæl og mest tid med barnet.

257. Fædre oplever ikke at få samvær, fordi nogle mødre mener, barnet altid har det bedst hos mor.

258. Fædre oplever økonomisk afpresning f.eks. betal 500 kr. i brevsprækken eller køb ny cykel for samvær.

259. Fædre oplever, de udsættes for let og hård fysisk vold, men de får ikke hjælp.

260. Fædre oplever de udsættes for psykisk vold gennem trusler men får ikke hjælp.

261. Fædre oplever de udsættes for psykisk vold, ved at de får besked om, at det ikke er deres barn alligevel.

262. Fædre oplever, de udsættes for psykisk vold, ved at de først sent i livet får besked om, at de har et barn.

263. Fædre oplever, de udsættes for økonomiske vold, ved at far arbejder og laver mest hjemme.

264. Fædre oplever falske anklager om, at far pludselig ikke er god nok forælder på afgørelsestidspunkter.

265. Fædre oplever falske anklager om, at barnet ikke trives f.eks. i samværssager på afgørelsestidspunkter.

266. Fædre oplever falske anklager om vold, uden at det har konsekvenser.

267. Fædre oplever falske anklager om seksuelle overgreb, uden at det har konsekvenser.

268. Fædre oplever forældrefremmedgørelse i årevis af barn, uden at det har konsekvenser.

269. Fædre oplever manglende tilbud om samtale og støtte, når de er voldsramte.

270. Fædre oplever store mørketal i forhold til statistikkerne om vold mod mænd.

271. Fædre oplever beskyldninger om "offermentalitet", hvis far fortæller, de er udsat for vold.

272. Fædre oplever vold, som de ikke kan anmelde, da konfliktniveauet herved hæves, og det ofte vil skade far og barn kontakten, da skyldsspørgsmålet ikke er gældende.

273. Fædre oplever en markant ubalance i offentlige midler til støtte af voldsramte mænd og kvinder.

274. Fædre oplever, at voldsindsatsen er forkert finansieret i forhold til kontaktflader og behov.

275. Fædre behandles ikke ens i servicelovens §109 om botilbud i forbindelse med samlivsophør og/eller vold.

276. Fædre modtager ikke som kvinder 10 timers gratis psykologbistand efter krisecenter ophold.

277. Fædre kan bestemt være voldelige mod kvinder, men fædre oplever markant diskrimination, når det sker mod dem.

278. Mødre kan bestemt opleve mange af de samme ting og i visse tilfælde andre typer af vold, men de oplever ikke den samme ubalance i anerkendelsen, støtten, statistisk indsamling og finansieringen af vold i nære relationer.

279. Forældre oplever uanset køn vold i nære relationer pludseligt ved samlivets ophør.

280. Forældre oplever falske anklager om vanrøgt/omsorgssvigt.

281. Forældre oplever falske indberetninger til kommunen uden grund eller konsekvens.

282. Forældre opdager, at fejl i forbindelse med vold ikke opdages, erkendes og rettes.

283. Fædre oplever oftest, at skyldsspørgsmålet ikke har betydning og det skader barnet.

284. Fædre oplever oftest, der træffes afgørelser baseret på subjektive og udokumenterede sagsbehandleres vurderinger.

285. Fædre oplever i lighed med mødre, at barnet udsættes for let og eller hård vold af anden forælder.

286. Fædre oplever i lighed med mødre, at anden forælder pga. alkohol bliver voldelig.

287. Fædre oplever i lighed med mødre, at anden forælder pga. fødselsreaktioner bliver voldelig.

288. Fædre oplever i lighed med mødre, at anden forælder både med og uden psykiatrisk medicin bliver voldelig.

289. Fædre oplever i lighed med mødre, at anden forælder pga. pres i hverdagen bliver voldelig.

290. Fædre oplever i lighed med mødre, at anden forælder pga. negativ social arv bliver voldelig.

291. Fædre oplever systematisk hadtale af mødre, mødre netværk og ekstreme kvindegrupper.

292. Fædre oplever systematisk stalking af mødre, mødre netværk og ekstreme kvindegrupper.

293. Fædre oplever systematiske børnebortførelser af mødre, mødre netværk og ekstreme kvindegrupper.

294. Fædre oplever omfattende magtmisbrug af kvinder i børne og ligestillingsarbejdet.

Kapitel 9 - Fædre ansvar

Baseret på interview af kvinder i forhold til far-rollen i familierne og behandling af principielle familiesager for mødre, herunder anbringelsessager og voldssager er der oplevet en række mønstre for fædre.

Følgende ting bør have opmærksomhed:

295. Fædre bør tage ligeværdigt ansvar for børnene, hvis de får lov, forældrene er enige om det eller mor har behov for hjælp.

296. Fædre bør erkende et faktisk biologisk forældreskab.

297. Fædre skal læse digotal post om jeres børn.

298. Fædre bør tage mere orlov, hvis de får lov.

299. Fædre bør lade være med at fravælge kontakten med deres børn, da det har stor betydning for børnenes selvværd senere i livet.

300. Fædre bør bruge tid på børnene i stedet for kun arbejde, sport og venner.

301. Fædre bør deltage i møder og aktiviteter om børnene, hvis det ikke sker.

302. Fædre bør lade være med at kræve 7/7 samvær for at slippe for børnebidrag.

303. Fædre bør forstå at fysisk, psykisk, økonomisk eller seksuel vold er uacceptabelt.

304. Fædre bør tage afstand fra sexchikane.

305. Fædre bør tage orlov, så mor få bedre jobmuligheder ved endt uddannelse.

306. Fædre bør tage orlov, så mors karrieremuligheder bliver ligeværdige.

307. Begge forældre oplever nogle af ofte de samme ting, hvis de er samværsforældre.

Kapitel 10 - Advokat metoder

Det er velkendte på familieområdet, at advokater optræder kønsspecifikt i familiesagerne pga. lovgivningens diskrimination og velkendte huller. Det er nemt at snyde systemet, når der sker belønning baseret på køn i stedet for adfærd.

Advokat samfundet og danske familieadvokater er i 2012, 2014, 2016, 2018 og 2020 anmodet om en indsats. Det i forhold til mønstrene i advokaters etik og metoder i familiesager med børn i midten.

Advokatsamfundet har i 2020 indført en whistleblower ordning, som er en god start, men der er tale om forhold, som ikke kan forklares med, at man varetager barnets interesser. Alle advokater på familieområdet ved, at det er nemt at snyde det familieretslige system.

Følgende ting bør have opmærksomhed:

308. Fædre oplever, at danske familieretsadvokater og advokatsamfundet fortsat ignorerer den åbenlyse kønsdiskrimination, som foregår på familieområdet.

309. Forældre oplever, at advokater optræder markant forskelligt kønsbestemt i forhold til klienter i familiesager pga. kønsdiskrimination i lovgivning og praksis. Det sker uden konsekvenser

310. Forældre oplever, at advokaterne trækker forældrene fra hinanden med børn i midten.

311. Forældre oplever, at advokater bevidst hæver konfliktniveauet for mødre pga. kønsdiskriminationen.

312. Forældre oplever, at advokater bevidst mindsker konfliktniveauet for fædre pga. kønsdiskriminationen.

313. Forældre oplever, at advokater ikke retter fejl mod bedrevidende.

314. Forældre oplever, at advokater ønsker sagen bragt i retten for at opnå højere samlet salærer eller fri proces for klienter.

315. Forældre oplever, at advokater giver Familieretshuset usande oplysninger om barnet direkte eller indirekte mod bedrevidende.

316. Forældre oplever, at advokater dækker over voldelige forældre ved f.eks. at angribe anden forælder.

317. Fædre oplever, at advokater indirekte anbefaler mor at lave falske anklager.

318. Fædre oplever, at advokatsamfundet til dato stort set intet har gjort i forhold til problemet.

319. Fædre oplever, at danske familieadvokater ignorerer problemet med advokaters etik og metoder.

320. Fædre oplever, at advokater henviser voldsudøvere til krisecentre uden saglig grund for at få en stærkere sag.

321. Fædre oplever, at advokater systematisk optrapper konflikter for at stille mor bedst.

322. Fædre oplever, at advokater systematisk trækker sager i langdrag for at stille deres klient bedst.

323. Fædre oplever, at advokater systematisk trækker sager i langdrag som økonomisk pression.

324. Fædre oplever oftest, at advokater skalerer formuen mod bedrevidende for at stille deres klient bedst.

325. Fædre oplever, at advokatnavne går igen i sager med grove falske påstande.

Kapitel 11 – Støtte, statistik og forskning

Statsrevisionen har ved undersøgelse fundet ca. 5,8 mia. kr. om året i sociale puljer, hvoraf ca. 50% af puljerne var såkaldte "hemmelige" puljer, der er blevet erklæret ulovlige.

Britta Nielsen sagen blev fundet som en udløber af dette, men det var kun ca. 100 mio. kr. over mere end 20 år. Ligesom der er fundet andre eksempler på usaglige og ikke korrekt tildelinger af statslige midler på socialområdet.

Der mangler fortsat en saglig forklaring på ca. 3 mia. skattekroner, som er uddelt om året. Hvem har modtaget pengene på hvilket grundlag, af hvem og for hvad?

Politiske stemmer er et godt bud på årsagen imodstrid med menneskeretten, lovgivningen, ligestillingen og børns sundhed. Er det politisk korruption?

Sammenligner man de offentlige indtægter i årsregnskaberne for de største mor og barn organisationer med deb største far og barn organisationer Foreningen Far, er det markant, at der sker kønsdiskrimination.

Ministerierne svarer ikke sagligt og fyldestgørende på problemet eller de menneskeretslige problemstillinger, herunder betydningen ved en skæv tildeling for børns ligeværdige kontakt til far og mor i livet.

Der opleves en markant manglende interesse for at påtage sig ansvaret for den kønsdiskrimination, der er sket i årtier i den statslige finansiering og fortsat sker af børn og fædre i det offentlige Danmark.

Det er endvidere dokumenteret gennem analyser, at den offentlige familieforskning ofte har været baseret på mor og barn besvarelser, da spørgeskemaerne ikke har været sendt til fædrene.

Den statistik, som laves på familieområdet, er i høj grad kulturelt præget af kvindebevægelsens ønsker til ligestillingen. Der er ofte tegn på, at projektstøtte, statistik og forskning er lavet af kvinder for kvinder med kvinder.

Det er naturligvis et alvorligt problem i forhold til ligestillingen og overholdelse af menneskeretten i Danmark, som gælder for alle borgere.

Følgende ting bør have opmærksomhed:

326. Statsrevisionen har fundet 5.8 mia. om året i sociale puljer, hvoraf ca. 50% var tildelt i "hemmelige puljer".

327. Ministerierne har fortsat ikke sagligt og fyldestgørende forklaret, hvad der er sket, og hvordan tildelingerne er lavet.

328. Ministerierne har fortsat ikke forklaret, hvem der har modtaget ca. 3 mia. skattekroner om året i hemmelige puljer.

329. Ministerierne har fortsat ikke stillet embedsfolk til ansvar for de mange milliarder i "hemmelige puljer".

330. Ministerierne har ikke stillet embedsfolk til ansvar for Britta Nielsen sagen og den helt åbenlyse mangel på kontrol.

331. Ministerierne erkender ikke kønsdiskrimination og diskrimination af borgerne. Man ønsker ikke at tale om det.

332. Ministerierne fremstår med manglende interesse til at erkende og fortælle politikerne om egne fejl.

333. Der findes ikke statistik over forældremyndighed for alle børn under 18 år.

334. Der findes ikke statistik over samværs ordninger for alle børn under 18 år.

335. Antallet af børn med bopæl hos far er stadig på niveau med 1980 i modstrid med samfundsudviklingen.

336. Statistik for vold mod mænd er groft mangelfuld og tager ikke højde for offentlig vold (diskrimination), fremmedgørelse og psykisk vold, som er det mest udbredte.

337. Der ligges ikke vægt på kontaktflader til børn og fædre i ansøgningsevalueringer til sociale midler.

338. Der ligges ikke vægt på forebyggende indsats overfor børn og fædre i ansøgningsevalueringer til sociale midler.

339. Der er ikke tale om uvildig behandling af ansøgere.

340. Der gives ingen statslige midler til f.eks. Foreningen Far sammenlignet med de 5 store mor/barn organisationer.

341. Der gives ingen statslige midler til f.eks. Foreningen Far

med usaglige forklaringer på ansøgninger.

342. Der gives ingen statslige midler til f.eks. Foreningen Far på trods af den markant største kontaktflade til fædre udsat for vold.

343. Der gives statslige midler ensidigt til kvindelige råd med markant skæv kønsfordeling.

344. Der opleves manglende uddannelse af medarbejdere, som skal tildele statslige midler i forhold til ligeværdighed, menneskeret samt børn og fædre.

345. Der opleves tildeling af statslige midler baseret på gamle netværk, mere end saglighed for børn og borgere.

346. Familieforskningen hos VIVE har dokumenteret været baseret på mor og barn besvarelser.

347. Familieforskningen hos VIVE har dokumenteret været baseret på kvindelige besvarelser fundet i forskeres netværk.

348. Familieforskningen hos VIVE har været baseret på forskere og ekspertgrupper med 9/10 eller 10/10 deltagere, som er kvinder.

349. Familieforskningen har en blind vinkel i forhold til børn og fædre samt gevinsten ved fælles forældreskab.

Kapitel 12 - Hvordan kan det ske?

Ligestillingskataloget rejser særdeles alvorlige spørgsmål om den ministerielle ledelse og overholdelsen af menneskeretten.

Der mangler erkendelse, ansvarlighed, overholdelse af menneskeretten, fyldestgørende orientering af politikere samt læring på familieområdet i det offentlige.

Hertil kommer "gatekeeping" på forskellige niveauer i det som til tider ligner kvindesagens monopol og karteldannelse i ligestillingsindsatsen og familielovgivningen imod det bedste for barnet og samfundet.

Hvorfor er der ingenting sket for børn og fædre? og hvordan kan det få lov til at ske i Danmark og Internationalt?

Det er ofte kvinder som oplever magtmisbrug i arbejdslivet og mænd som oplever magtmisbrug i familielivet. De mange og magtfulde kvinder på børne og ligestillingsområdet taler ofte om sig selv og sine egne. Er det magtmisbrug?

Følgende ting bør have opmærksomhed:

350. Hvor har ligestillingsministeriet været for børn og fædre?

351. Hvor har børne- og socialministeriet været for børn og fædre?

352. Hvor har ligebehandlingsnævnet været for børn og fædre?

353. Hvor har institut for menneskerettigheder været for børn og fædre?

354. Hvor har VIVE været for børn og fædre?

355. Hvor har Kvinfo's og Dansk Kvindesamfunds kønsligestilling været for børn og fædre – udover fædreorlov for kvinder?

356. Hvor har Børnerådet været for børn og fædre?

357. Hvor har familieretshuset været for børn og fædre?

358. Hvor har Børns Vilkår været for børn og fædre?

359. Hvor har ombudsmanden været for børn og fædre?

360. Hvor har danske familieadvokaters kun kvindelige bestyrelse været for børn og fædre?

361. Hvor er EU's ligestilling for børn og fædre?

362. Hvor er UN Woman Committee on Gender Equality for børn og fædre?

363. Hvor er UN Woman Nordic for børn og fædre?

364. Hvor er FN verdensmålene for børn og fædre?

365. Hvor er folketinget for børn og fædre?

366. Hvor er de ansvarlige embedsfolk, som skal overholde og informere politikerne om de brud, der sker på menneskeretten for børn og fædre?

Det er markant, hvordan oplysninger og behovet for ligestillingen af børn og fædre ikke kommer op gennem det statslige system. Problemet ignoreres eller holdes nede.

Det handler om vilje, lobbyisme, kultur, forandringsledelse, eller det man kan kalde en stoleleg om taburetter i Folketinget. Oplevelsen og dokumentationen på diskriminationen af børn og fædre er markant.

På samme vis som vi oplevede cigarrygende bestyrelser kun med mænd årtier tilbage, er udfordringen i dag ligestilling af ligestillingen baseret på 100 års kvindekultur.

Det er stortset kun kvinder, der deltager i det ligestillingsmæssige og børnefaglige arbejde, hvilket naturligvis har præget og hver dag præger lovgivningen og praksis i samfundet.

Det er veldokumenteret og kan siges med et ord, hvad der sker for børn og fædre;

Kønsdiskrimination

Nordisk benchmark

Sammenlignes de nordiske lande i samråd med nordiske eksperter indenfor ligestillingen af børn og fædre, fremstår der få nuancer. Det er samme billede og mønstre.

	DK	SE	NO	IS	FI
Forældreskab	2	2	2	2	1
Offentlig informering	3	3	2	3	4
Fædre orlov	2	5	4	5	2
Barnets bopæl	3	2	2	1	2
Ligeværdig tid	2	4	2	4	4
Barnets økonomi	2	2	2	2	1
Offentlige børnesager	3	1	1	1	1
Internationale forældre	3	2	1	2	2
Vold mod børn og fædre	2	1	1	1	1
Støtte, statistik & forskning	2	3	2	2	2
Gennemsnit	2,4	2,5	1,9	2,3	2,0

Niveau 5: Fuld ligestilling
Niveau 4: Reformer bliver implementeret
Niveau 3: Reformer vedtaget politisk
Niveau 2: Reformer forberedes politisk
Niveau 1: Reformer er ikke startet

Der er på alle måder grund til at tage situationen alvorligt. For er det her, vi finder årsagen til den manglende respekt for ligestillingen såvel som børns mentale sundhed og de alt for høje social udgifter?

For de fleste børn er far og mors kærlighed, omsorg og tryghed det vigtigste i livet. For de fleste forældre er børnene det vigtigste livet. Det sætter ofte dybe ar i sjælen, hvis der ikke er en god og kærlig opvækst og kontakt mellem børn og forældre.

Vi kan gøre det bedre!

www.ingramcontent.com/pod-product-compliance
Lightning Source LLC
Chambersburg PA
CBHW040236220526
45473CB00001B/266